LE JAMBON CUIT, COMMUNÉMENT DÉNOMMÉ "JAMBON BLANC", EST LA CHARCUTERIE QUE NOUS CONSOMMONS LE PLUS EN FRANCE.

IL CONSTITUE UNE DES GRANDES TRADITIONS GASTRONOMIQUES DÉFINIE DANS LE CODE DES USAGES DE LA CHARCUTERIE, GARANT DU SAVOIR-FAIRE CHARCUTIER FRANÇAIS.

SEULE LA VIANDE PROVENANT DU MEMBRE POSTÉRIEUR DU PORC ENTRE DANS LA COMPOSITION DU JAMBON CUIT. LE JAMBON CUIT EST SALÉ ET, COMME SON NOM L'INDIQUE, SE CARACTÉRISE PAR SA CUISSON : À LA VAPEUR, BRAISÉ, AU TORCHON, AVEC OU SANS OS OU AU BOUILLON.

CÔTÉ CUISINE, IL S'ACCOMMODE DE TOUTES LES SITUATIONS. ON L'ADORE TOUT AUTANT DANS DES RECETTES SIMPLES QUE PLUS ÉLABORÉES. C'EST UN PRÉCIEUX ALLIÉ !

LE PETIT MARCHÉ

JAMBON BLANC

30 RECETTES DU CHARCUTIER

Recettes & photographies
de FRÉDÉRIQUE CHARTRAND

ÉPICERIE GÉNÉRALE MARABOUT
DEPUIS 1949

REMERCIEMENTS DE L'AUTEUR

L'auteur remercie l'équipe de Marabout pour sa confiance,
en particulier Élise & Marie-Ève, Anne Faubeau pour son aide précieuse
ainsi qu'Aliocha et Émile.

—

Merci au Safran du Val d'Ay en Ardèche pour leur délicieux safran.

Avec la collaboration du Centre d'Information des Charcuteries-produits Traiteurs.

Suivi éditorial : Marie-Ève Lebreton
Relecture : Véronique Dussidour
Mise en pages : Gérard Lamarche

ISBN : 978-2-501-08622-6
43 1896 0/01
Dépôt légal : mai 2013
Achevé d'imprimer en mars 2013
sur les presses d'Impresia-Cayfosa en Espagne

SOMMAIRE

KIT SANDWICHS 4
KIT APÉRO MINUTE 6

LES SNACKS

SABLÉS AU PIMENT D'ESPELETTE 8
CAKE AUX OLIVES & AU JAMBON BLANC 9
OMELETTE ROULÉE À LA PIPERADE 10
BROCHETTES LAQUÉES JAMBON BLANC & ABRICOTS SECS 12
PIZZA JAMBON BLANC, CHÈVRE & ROQUETTE 14
PIZZA REGINA 16

LES CLASSIQUES

FRIAND AU JAMBON BLANC, POMMES & NOIX 18
QUICHE LORRAINE 20
GALETTE DE POMMES DE TERRE 21
CROQUE-MONSIEUR 22
ENDIVES AU JAMBON 24
JAMBON BLANC POÊLÉ, SAUCE MOUTARDE 26
SOUFFLÉ AU JAMBON BLANC 28

LES GRATINS

GRATIN ESTIVAL 30
GRATIN DE BLETTES 32
TIAN DE LÉGUMES 34
GRATIN DE POMMES DE TERRE 36
GRATIN DE COQUILLETTES 38

LES CRÊPES

GALETTE JAMBON BLANC, FROMAGE 40
CRÊPE JAMBON BLANC, ŒUF & CÈPES 42
CRÊPE JAMBON BLANC, OIGNON & MIMOLETTE 44
CRÊPE SUCRÉE-SALÉE À L'ANANAS 46

LES RISOTTOS

RISOTTO À LA SAUGE & PARMESAN 48
RISOTTO AUX TOMATES CERISES & BASILIC 50
RISOTTO AUX MOULES SAFRANÉ 52

LES TARTINES

TARTINE JAMBON BLANC, NOISETTES & MIEL DE CHÂTAIGNE 54
TARTINE JAMBON BLANC, TOMME DE BREBIS & GELÉE DE PIMENT 55
TARTINE POMMES DE TERRE, JAMBON BLANC & QUATRE BAIES 56

KIT SANDWICHS

POUR 1 SANDWICH

JAMBON BEURRE CORNICHON

1 demi-baguette, 25 g de beurre demi-sel, 4 petits cornichons, 2 tranches de jambon blanc

Préchauffer le four à 200 °C sur la position gril. Faire dorer la baguette des deux côtés. Tartiner l'intérieur de la baguette avec le beurre demi-sel. Couper les cornichons en deux dans le sens de la longueur. Ajouter les tranches de jambon blanc et déguster.

JAMBON BEURRE À L'ITALIENNE

1 demi-baguette, 6 demi-tomates séchées, ½ cuillerée à café d'origan frais (ou séché), 3 cuillerées à soupe d'huile d'olive, 1 pincée de sel, 1 cuillerée à café de câpres, 2 tranches de jambon blanc

Préchauffer le four à 200 °C sur la position gril. Faire dorer la baguette des deux côtés. Mixer ou hacher ensemble les tomates séchées, l'origan, l'huile d'olive, le sel et les câpres. Tartiner l'intérieur de la baguette de cette tartinade. Ajouter les tranches de jambon blanc et déguster.

JAMBON BEURRE À L'ESTRAGON & AU CITRON

1 demi-baguette, 25 g de beurre demi-sel mou, 1 cuillerée à soupe d'estragon haché, 1 cuillerée à café de zeste de citron, 2 tranches de jambon blanc

Préchauffer le four à 200 °C sur la position gril. Faire dorer la baguette des deux côtés. Écraser le beurre à l'aide d'une fourchette avec l'estragon et le zeste. Tartiner l'intérieur de la baguette de ce beurre parfumé. Ajouter les tranches de jambon blanc et déguster.

JAMBON À LA SAVOYARDE

1 demi-baguette, 4 tranches de fromage pour raclette, ½ oignon doux, 1 filet d'huile d'olive, 1 noix de beurre demi-sel, 2 tranches de jambon blanc

Préchauffer le four à 200 °C sur la position gril. Faire dorer la baguette des deux côtés. Mettre les tranches de fromage à raclette dans la baguette et remettre au four pour faire fondre le fromage. Éplucher, émincer le demi-oignon puis le faire revenir dans une poêle à feu très doux dans l'huile, pendant 15 minutes, tout en remuant. Ajouter dans la baguette l'oignon, les tranches de jambon et déguster.

KIT APÉRO MINUTE

POUR 4 PERSONNES

ROULÉS GRILLÉS À LA DENTELLE DE JAMBON & PRUNEAUX

2 tranches de dentelles de jambon blanc, 16 pruneaux dénoyautés, 1 cuillerée à soupe d'huile d'olive

Préchauffer le four à 200 °C. Couper les dentelles de jambon en lamelles de 1 cm de large. Enrouler chaque pruneau d'une lamelle de jambon. Piquer avec 1 pic en bois préalablement passé sous l'eau froide pour le maintenir en place. Enfourner et laisser cuire 10 minutes jusqu'à ce que le jambon soit bien grillé.

MINI-BROCHETTES DENTELLES DE JAMBON, FROMAGE BLEU & POIRE

2 tranches de dentelles de jambon blanc, 1 poire ferme, le jus de ½ citron, 100 g de fromage bleu (type fourme d'Ambert ou bleu des Causses)

Couper les tranches de jambon en lamelles de 2 cm de large. Laver et couper la poire en dés. Les arroser de jus de citron. Couper le fromage en dés. Sur des pics en bois, mettre 1 dé de fromage, 1 lamelle de jambon puis terminer par 1 dé de poire. Réserver au réfrigérateur jusqu'au moment de servir.

GRESSINS AU PAVOT & DENTELLES DE JAMBON

1 pâte à pizza, 3 grandes tranches de dentelles de jambon blanc, 2 cuillerées à soupe d'huile d'olive, 1 cuillerée à soupe de graines de pavot

Préchauffer le four à 200 °C. Couper la pâte à pizza en lamelles et les rouler à la main pour former des gressins. Les disposer sur la plaque du four préalablement garnie de papier sulfurisé. Enfourner et laisser cuire 20 minutes. Les retourner à mi-cuisson. Couper les tranches de dentelles de jambon blanc en lamelles. Enrouler les gressins de jambon. Badigeonner d'huile d'olive et saupoudrer de graines de pavot. Enfourner de nouveau à 220 °C et laisser griller 5 à 8 minutes.

SABLÉS APÉRO AU PIMENT D'ESPELETTE

15 MIN DE PRÉPARATION – 30 MIN DE RÉFRIGÉRATION – 15 MIN DE CUISSON

POUR 1 DOUZAINE DE SABLÉS

150 g de farine blanche

½ cuillerée à café de sel

1 cuillerée à café de sucre en poudre

2 pointes de couteau de piment d'Espelette

1 œuf + 1 jaune

90 g de beurre mou

60 g de dés de jambon blanc

1- Préchauffer le four à 200 °C.

2- Dans un saladier, mélanger la farine avec le sel, le sucre et le piment d'Espelette. Ajouter le beurre coupé en petits morceaux et sabler la pâte du bout des doigts.

3- Creuser un puits au centre, y verser l'œuf et le jaune battus puis 30 g d'eau. Mélanger sans trop travailler la pâte. Si elle est très sèche, ajouter un filet d'eau. Ajouter les dés de jambon et former une boule de pâte. Réserver 30 minutes au réfrigérateur.

4- Sur le plan de travail fariné, étaler la pâte sur 5 mm d'épaisseur. Découper les sablés à l'aide d'un emporte-pièce. Les disposer sur la plaque du four préalablement garnie de papier sulfurisé. Enfourner et laisser cuire 15 minutes. Laisser tiédir avant de déguster.

CAKE AUX OLIVES & AU JAMBON BLANC

20 MIN DE PRÉPARATION – 40 MIN DE CUISSON

POUR 1 CAKE

1 yaourt

3 œufs

1 cuillerée à soupe de moutarde à l'ancienne

10 cl d'huile d'olive

170 g de farine

2 cuillerées à café de poudre à lever

200 g de dés de jambon blanc

150 g d'olives vertes, dénoyautées

100 g d'emmental râpé

sel, poivre noir

1- Préchauffer le four à 180 °C.

2- Dans un bol, battre le yaourt, les œufs, la moutarde et l'huile d'olive.

3- Dans un saladier, mélanger la farine et la poudre à lever. Saler, poivrer. Creuser un puits au centre et y verser le mélange au yaourt. Remuer pour obtenir une pâte homogène sans trop la travailler. Incorporer les dés de jambon, les olives coupées en deux, l'emmental râpé puis mélanger délicatement.

4- Verser la pâte dans un moule à cake préalablement huilé. Enfourner et laisser cuire 40 minutes environ. Surveiller la cuisson en piquant le gâteau avec la lame d'un couteau : elle doit ressortir sèche. Laisser tiédir avant de servir.

OMELETTE ROULÉE À LA PIPERADE

15 MIN DE PRÉPARATION – 25 MIN DE CUISSON

POUR 4 PERSONNES

1 poivron rouge

1 oignon doux

1 gousse d'ail

2 tomates

6 cuillerées à soupe d'huile d'olive

2 pincées de sucre en poudre

8 œufs

4 cuillerées à soupe de crème fraîche

150 g de dés de jambon blanc

sel, poivre

1- Peler le poivron rouge et le couper en fines lanières.
2- Éplucher et émincer l'oignon.
3- Éplucher et presser la gousse d'ail.
4- Épépiner et couper les tomates en petits dés.
5- Dans une poêle, faire dorer le poivron, l'oignon et l'ail dans 2 cuillerées à soupe d'huile pendant 5 minutes à feu moyen. Ajouter les tomates et le sucre. Saler, poivrer. Baisser le feu et laisser réduire 10 à 15 minutes. Ajouter quelques filets d'eau au cours de la cuisson pour que la préparation ne se dessèche pas. Réserver.
6- Dans un saladier, fouetter les œufs avec la crème fraîche.
7- Dans une grande poêle, ajouter 2 cuillerées à soupe d'huile et y verser la moitié de l'omelette. Laisser cuire environ 8 minutes à feu moyen. Ajouter la moitié des dés de jambon à mi-cuisson.
8- Garnir l'omelette avec la moitié de la piperade et la rouler avant de servir. Répéter l'opération pour la seconde omelette.

BROCHETTES LAQUÉES JAMBON BLANC & ABRICOTS SECS

15 MIN DE PRÉPARATION – 10 MIN DE CUISSON

POUR 8 PETITES BROCHETTES

1 cm de racine de gingembre

1 gousse d'ail

3 cuillerées à soupe de sauce soja

2 cuillerées à soupe d'huile de sésame

3 cuillerées à soupe de miel d'acacia

1 cuillerée à soupe de graines de sésame grillées

2 tranches de jambon blanc de 1 cm d'épaisseur

16 abricots secs, mœlleux

1- Éplucher et presser le gingembre et la gousse d'ail.
2- Préparer la marinade : mélanger la sauce soja, l'huile de sésame, le miel, les graines de sésame, l'ail et le gingembre pressés.
3- Couper le jambon en cubes de 1 cm.
4- Préchauffer le four à 200 °C.
5- Sur 8 pics en bois, piquer en alternant les cubes de jambon et les abricots secs.
6- Les disposer sur la plaque du four préalablement garnie de papier sulfurisé. Badigeonner les brochettes de marinade. Enfourner et laisser griller 10 minutes de chaque côté.

PIZZA JAMBON BLANC, CHÈVRE & ROQUETTE

10 MIN DE PRÉPARATION – 15 MIN DE CUISSON

POUR 4 PERSONNES

1 pâte à pizza

1 gousse d'ail

2 cuillerées à soupe d'huile d'olive

3 grandes tranches de dentelles de jambon blanc

200 g de bûche de chèvre

1 poignée de roquette

sel, poivre

1- Préchauffer le four à 210 °C.

2- Dérouler la pâte à pizza sur la plaque du four préalablement garnie de papier sulfurisé.

3- Éplucher et presser la gousse d'ail.

4- Dans un bol, mélanger l'ail pressé avec l'huile d'olive. En tartiner la pâte à pizza.

5- Couper la bûche de chèvre en rondelles.

6- Sur la pizza, disposer les dentelles de jambon, les rondelles de bûche de chèvre. Saler, poivrer.

7- Enfourner et laisser cuire 15 minutes jusqu'à ce que les bords de la pizza soient dorés. À la sortie du four, parsemer de roquette. Servir sans attendre.

PIZZA REGINA

20 MIN DE PRÉPARATION – 15 MIN DE CUISSON

POUR 4 PERSONNES

1 pâte à pizza

1 gousse d'ail

2 cuillerées à soupe d'huile d'olive

3 champignons de Paris

2 tomates

3 grandes tranches de dentelles de jambon blanc

2 boules de mozzarella

12 olives noires

4 feuilles de basilic

sel, poivre

1- Préchauffer le four à 210 °C.
2- Dérouler la pâte à pizza sur la plaque du four préalablement garnie de papier sulfurisé.
3- Éplucher et presser la gousse d'ail.
4- Dans un bol, mélanger l'ail pressé avec l'huile d'olive. En tartiner la pâte à pizza.
5- Couper les tomates en rondelles pas trop fines.
6- Émincer les champignons.
7- Couper la mozzarella en tranches.
8- Sur la pizza, disposer les dentelles de jambon, les rondelles de tomate, les champignons, la mozzarella et les olives noires. Saler, poivrer.
9- Enfourner et laisser cuire 15 minutes jusqu'à ce que les bords de la pâte soient dorés. À la sortie du four, parsemer de basilic ciselé.

FRIAND AU JAMBON BLANC, POMMES & NOIX

10 MIN DE PRÉPARATION – 25 MIN DE CUISSON

POUR 4 PERSONNES

2 pâtes feuilletées

2 petites pommes rouges

150 g de dés de jambon blanc

20 cerneaux de noix concassés

35 g de comté râpé

4 cuillerées à soupe de crème fraîche

1 jaune d'œuf

2 cuillerées à soupe de lait

sel, poivre

1- Préchauffer le four à 200 °C.

2- Éplucher et couper les pommes en dés.

3- Dans un bol, mélanger les dés de jambon blanc et de pomme, les noix, le comté et la crème fraîche. Saler, poivrer.

4- Dérouler les pâtes feuilletées et découper 2 rectangles dans chacune. Répartir la garniture sur les 2 rectangles, tout en laissant une bordure. Recouvrir avec les 2 rectangles restants puis souder les bords avec de l'eau tiède en appuyant bien.

5- Dans un bol, battre le jaune d'œuf et le délayer dans le lait. Dorer le dessus des friands.

6- Les disposer sur la plaque du four préalablement garnie de papier sulfurisé. Enfourner et laisser cuire 25 minutes.

QUICHE LORRAINE

10 MIN DE PRÉPARATION – 45 MIN DE CUISSON

POUR 4 PERSONNES

1 pâte brisée

1 oignon doux

1 gousse d'ail

1 cuillerée à soupe d'huile d'olive

200 g de gros dés de jambon blanc

5 œufs

2 cuillerées de crème fraîche

10 cl de lait

sel, poivre

1- Préchauffer le four à 200 °C.

2- Dans un moule à tarte beurré, étaler la pâte brisée.

3- Éplucher et émincer l'oignon.

4- Éplucher et presser la gousse d'ail.

5- Dans une poêle, faire revenir l'oignon et l'ail dans l'huile d'olive pendant 5 minutes. Ajouter les dés de jambon et laisser dorer 5 minutes supplémentaires en remuant régulièrement. Réserver.

6- Dans un saladier, fouetter les œufs avec la crème fraîche et le lait. Saler, poivrer.

7- Répartir la garniture sur la pâte brisée puis verser l'appareil aux œufs. Enfourner et laisser cuire 35 minutes.

GALETTE DE POMMES DE TERRE

10 MIN DE PRÉPARATION – 40 MIN DE CUISSON

POUR 2 GRANDES GALETTES

1 kg de pommes de terre

2 gousses d'ail

200 g de dés de jambon blanc

2 cuillerées à soupe d'herbes de Provence

2 œufs

huile

sel, poivre

1- Éplucher et râper les pommes de terre.
2- Éplucher et presser l'ail.
3- Dans un saladier, mélanger tous les ingrédients.
4- Dans une poêle, faire chauffer un peu d'huile d'olive. Verser la moitié de la préparation. Laisser cuire puis retourner la galette. Répéter l'opération pour la seconde galette.

CROQUE-MONSIEUR

10 MIN DE PRÉPARATION – 10 MIN DE CUISSON

POUR 4 PERSONNES

8 tranches de pain de mie

8 tranches de jambon blanc

50 g de beurre demi-sel

175 g d'emmental râpé

sel, poivre

1- Préchauffer le four à 200 °C sur la position gril.

2- Couper les tranches de jambon en deux.

3- Tartiner 4 tranches de pain de mie de beurre.

4- Sur chaque tranche de pain beurrée, déposer 2 tranches de jambon. Ajouter un peu d'emmental râpé. Refermer les croque-monsieur avec les tranches de pain restantes. Recouvrir du reste de fromage. Saler, poivrer.

5- Les disposer sur la plaque du four préalablement garnie de papier sulfurisé. Enfourner et laisser cuire 10 minutes jusqu'à ce que le fromage soit fondu et le pain doré.

ENDIVES AU JAMBON

20 MIN DE PRÉPARATION – 50 MIN DE CUISSON

POUR 4 PERSONNES

2 endives

2 cuillerées à soupe d'huile d'olive

1 cuillerée à soupe de beurre demi-sel

1 cuillerée à soupe de farine

20 cl de lait

½ cuillerée à café de noix de muscade

2 tranches de jambon blanc

40 g de comté

sel, poivre

1- Préchauffer le four à 200 °C.

2- Laver les endives et les couper en deux dans le sens de la longueur.

3- Dans une poêle, chauffer l'huile d'olive. Disposer les endives et les saisir à feu vif. Baisser le feu et les laisser braiser 20 minutes. Les retourner de temps en temps.

4- Dans une casserole, faire fondre le beurre à feu doux. Saupoudrer de farine, mélanger puis laisser dorer légèrement. Verser le lait, petit à petit, tout en remuant. Saler, poivrer et ajouter la noix de muscade. Remuer jusqu'à obtenir une béchamel assez liquide. Réserver.

5- Couper les tranches de jambon dans le sens de la longueur.

6- Râper le comté.

7- Dans un plat à gratin, placer les moitiés d'endives et les enrouler chacune de jambon. Recouvrir de béchamel et de comté râpé. Enfourner et laisser cuire 25 minutes. Finir la cuisson sous le gril pendant quelques minutes.

JAMBON BLANC POÊLÉ, SAUCE MOUTARDE

10 MIN DE PRÉPARATION – 20 MIN DE CUISSON

POUR 4 PERSONNES

3 cuillerées à soupe de moutarde à l'ancienne

5 cuillerées à soupe de crème fraîche

1 cuillerée à café de thym

4 noisettes de beurre pour poêler

4 tranches épaisses de jambon blanc à poêler

sel, poivre

1- Dans un bol, mélanger la moutarde, la crème fraîche et le thym. Saler, poivrer.

2- Dans une petite casserole, faire chauffer à feu très doux la sauce moutarde 5 minutes, en remuant fréquemment.

3- Dans une grande poêle, faire chauffer le beurre à feu doux. Saisir les tranches de jambon de chaque côté à feu vif. Hors du feu, verser 1 cuillerée à soupe bombée de sauce moutarde sur chaque tranche de jambon. Servir aussitôt.

SOUFFLÉ AU JAMBON BLANC

15 MIN DE PRÉPARATION – 30 MIN DE CUISSON

POUR 4 PERSONNES

30 g de beurre

20 g de farine

20 cl de lait

2 pincées de noix de muscade

4 œufs + 1 blanc

200 g de crème fraîche épaisse

80 g de gruyère râpé

150 g de dés de jambon blanc

sel, poivre

1- Préchauffer le four à 180 °C.

2- Dans une casserole, faire fondre le beurre à feu doux. Saupoudrer de farine, laisser dorer légèrement puis verser le lait, petit à petit, tout en remuant. Saler, poivrer et ajouter la noix de muscade. Remuer jusqu'à obtenir une béchamel épaisse.

3- Séparer les jaunes des blancs d'œufs.

4- Hors du feu, ajouter la crème fraîche, les jaunes d'œufs, un par un, le gruyère râpé et les dés de jambon. Bien mélanger pour obtenir une pâte lisse et homogène.

5- À l'aide d'un fouet électrique, monter les blancs d'œufs en neige très ferme avec 1 pincée de sel. Les incorporer très délicatement à la préparation précédente.

6- Verser la préparation dans 4 ramequins à bord hauts beurrés aux deux tiers. Passer la lame d'un couteau mouillée entre le bord de chaque moule et la pâte pour permettre à celle-ci de bien gonfler.

7- Enfourner les soufflés au centre du four et laisser cuire 25 minutes à 200 °C. Servir aussitôt.

GRATIN ESTIVAL

15 MIN DE PRÉPARATION – 40 MIN DE CUISSON

POUR 4 À 6 PERSONNES

- 32 champignons de Paris
- 2 gousses d'ail
- 10 g de beurre
- 1 cuillerée à café d'huile d'olive
- 25 ml de vin blanc sec
- 2 tomates
- 4 tranches de jambon blanc
- 1 cuillerée à soupe de chapelure
- 90 g de parmesan râpé
- 2 cuillerées à soupe de ciboulette ciselée
- sel, poivre

1- Préchauffer le four à 200 °C.
2- Émincer les champignons.
3- Éplucher et presser l'ail.
4- Dans une poêle, faire chauffer le beurre et l'huile d'olive et y faire revenir les champignons pendant 5 minutes. Ajouter l'ail. Saler, poivrer. Verser le vin blanc et laisser évaporer 5 minutes supplémentaires.
5- Couper les tomates en rondelles un peu épaisses.
6- Dans un plat allant au four, déposer une couche de champignons, une couche de jambon blanc, une couche de rondelles de tomate. Répéter l'opération jusqu'à la fin de tous les ingrédients. Terminer en répartissant la chapelure et le parmesan râpé. Enfourner et laisser cuire 25 minutes.
7- Terminer par 5 minutes sous le gril. Parsemer de ciboulette ciselée avant de servir.

GRATIN DE BLETTES

30 MIN DE PRÉPARATION – 50 MIN DE CUISSON

POUR 4 À 6 PERSONNES

500 g de blettes

2 cuillerées à soupe de beurre

2 cuillerées à soupe de farine

30 cl de lait

4 pincées de muscade

4 tranches de jambon blanc

1 gousse d'ail

huile

sel, poivre

1- Préchauffer le four à 200 °C.

2- Séparer les feuilles et les côtes des blettes. Enlever les fils des côtes puis émincer les feuilles.

3- Dans une grande casserole d'eau bouillante, faire cuire les côtes dans l'eau pendant 10 à 15 minutes (selon la taille des blettes). Ajouter ensuite les feuilles et laisser cuire 5 minutes. Égoutter et réserver.

4- Dans une petite casserole, faire fondre le beurre à feu doux. Saupoudrer la farine, remuer et laisser dorer légèrement. Verser le lait, petit à petit, tout en remuant. Saler, poivrer et ajouter la noix de muscade. Remuer jusqu'à obtenir une béchamel assez liquide.

5- Frotter un plat à gratin avec la gousse d'ail épluchée puis l'huiler. Alterner les couches de blette, de tranches de jambon et de béchamel. Finir par une couche de béchamel. Enfourner et laisser cuire 30 à 40 minutes. Terminer par 5 minutes sous le gril.

TIAN DE LÉGUMES

15 MIN DE PRÉPARATION – 50 MIN DE CUISSON

POUR 4 PERSONNES

- 2 tomates
- 1 aubergine
- 2 courgettes rondes de Nice
- 3 tranches de jambon blanc
- 1 cuillerée à café de thym
- 25 ml d'huile d'olive
- sel, poivre

1- Préchauffer le four à 200 °C.

2- Couper les tomates, l'aubergine, les courgettes en rondelles.

3- Couper les tranches de jambon en quatre.

4- Dans un plat à gratin, disposer les rondelles de légumes en cercle. Intercaler régulièrement, entre les légumes, les quarts de tranches de jambon. Parsemer de thym puis verser l'huile d'olive en filet. Saler, poivrer.

5- Couvrir de papier sulfurisé. Enfourner et laisser cuire 35 minutes. Découvrir le plat et poursuivre la cuisson 15 minutes pour que le tian se colore légèrement.

GRATIN DE POMMES DE TERRE

30 MIN DE PRÉPARATION – 1 H 10 DE CUISSON

POUR 4 À 6 PERSONNES

1 kg de pommes de terre

200 g de dés de jambon blanc

50 cl de lait

1 cuillerée à café de romarin frais ciselé (ou, à défaut, séché)

2 cuillerées à soupe de chapelure

2 cuillerées à soupe de persil plat ciselé

sel, poivre

1- Préchauffer le four à 200 °C.

2- Dans une casserole d'eau bouillante, faire cuire les pommes de terre jusqu'à ce qu'elles soient tendres. Les éplucher.

3- Dans une casserole, faire chauffer à feu moyen les pommes de terre avec le lait et le romarin. Saler, poivrer. Écraser à l'aide d'un presse-purée jusqu'à obtenir une purée onctueuse. Mettre la purée dans un plat à gratin préalablement huilé. Ajouter les dés de jambon puis saupoudrer de chapelure. Enfourner et laisser cuire 30 minutes.

4- Terminer sous le gril du four pendant 10 minutes. Parsemer de persil plat ciselé avant de servir.

GRATIN DE COQUILLETTES

15 MIN DE PRÉPARATION – 25 MIN DE CUISSON

POUR 4 PERSONNES

240 g de coquillettes

250 g de dés de jambon blanc

5 cuillerées à soupe de crème fraîche

80 g de comté

sel, poivre

1- Préchauffer le four à 200 °C.

2- Dans une grande casserole d'eau bouillante salée, cuire les coquillettes *al dente*. Égoutter et réserver.

3- Dans un saladier, mélanger les dés de jambon et la crème fraîche. Ajouter les coquillettes. Saler légèrement, poivrer.

4- Râper le comté.

5- Verser la préparation dans un plat à gratin. Parsemer de comté râpé. Enfourner et laisser cuire 25 minutes.

GALETTE JAMBON BLANC, FROMAGE

40 MIN DE PRÉPARATION – 3 À 5 MIN DE CUISSON

POUR 8 GALETTES

150 g de farine de sarrasin

1 pincée de sel

2 œufs

25 cl de lait entier

120 g d'emmental râpé

8 tranches de jambon blanc

huile neutre

poivre

1- Dans un saladier, mélanger la farine de sarrasin et le sel. Creuser un puits au centre. Ajouter les œufs et mélanger au fouet. Verser le lait, petit à petit, tout en mélangeant.

2- Faire chauffer une poêle avec un filet d'huile à feu moyen. Verser 1 louche de pâte et faire cuire 2 minutes. Retourner la galette, garnir de 1 tranche de jambon et d'un peu d'emmental. Saler, poivrer. Replier la galette. Répéter l'opération pour les autres galettes. Servir aussitôt.

CRÊPE JAMBON BLANC, ŒUF & CÈPES

15 MIN DE PRÉPARATION – 25 MIN DE CUISSON

POUR 8 CRÊPES

75 g de cèpes séchés
150 g de farine
1 pincée de sel
10 œufs
25 cl de lait entier
8 tranches de dentelles de jambon blanc
huile neutre
sel, poivre du moulin

1- Réhydrater les cèpes en les recouvrant d'eau bouillante.
2- Dans un saladier, mettre la farine, le sel et creuser un puits au milieu. Ajouter 2 œufs et mélanger au fouet doucement. Verser le lait, petit à petit, tout en mélangeant.
3- Faire chauffer une poêle avec un filet d'huile à feu moyen. Verser 1 louche de pâte et faire cuire 2 minutes. Retourner la crêpe et la garnir de dentelles de jambon. Casser 1 œuf sur le jambon et laisser cuire le blanc de l'œuf. Ajouter quelques cèpes et laisser cuire 1 minute. Saler, poivrer. Répéter l'opération pour les autres crêpes.

CRÊPE JAMBON BLANC, OIGNON & MIMOLETTE

15 MIN DE PRÉPARATION – 25 MIN DE CUISSON

POUR 8 CRÊPES

150 g de farine

1 pincée de sel

2 œufs

25 cl de lait entier

2 oignons doux

1 cuillerée à soupe d'huile d'olive

8 tranches de jambon blanc

200 g de mimolette râpée

huile végétale

sel, poivre du moulin

1- Dans un saladier, mettre la farine, le sel et creuser un petit puits au centre. Ajouter les œufs, l'un après l'autre, en mélangeant au fouet doucement. Verser le lait, petit à petit, tout en remuant.

2- Éplucher et émincer les oignons. Dans une poêle, faire chauffer l'huile d'olive puis faire revenir les oignons 10 minutes.

3- Faire chauffer une poêle avec un filet d'huile à feu moyen. Verser 1 louche de pâte à crêpes et laisser cuire 2 minutes. Retourner la crêpe, la garnir de 1 tranche de jambon, d'oignons et de mimolette. Saler, poivrer. Rouler la crêpe. Répéter l'opération pour les autres crêpes.

CRÊPE SUCRÉE-SALÉE À L'ANANAS

15 MIN DE PRÉPARATION – 25 MIN DE CUISSON

POUR 8 CRÊPES

150 g de farine
1 pincée de sel
2 œufs
25 cl de lait
2 boîtes d'ananas en tranches au jus naturel
1 cuillerée à soupe de beurre demi-sel
8 cuillerées à soupe de sirop d'érable
5 clous de girofle
8 tranches de jambon blanc
huile neutre
sel, poivre du moulin

1- Dans un saladier, mettre la farine, le sel et creuser un petit puits au milieu. Ajouter les œufs et mélanger au fouet doucement. Verser le lait, petit à petit, tout en remuant.
2- Égoutter les boîtes d'ananas et couper les tranches en morceaux.
3- Dans une poêle, faire chauffer le beurre puis y faire dorer les morceaux d'ananas à feu vif. Verser le sirop d'érable et ajouter les clous de girofle. Laisser caraméliser. Réserver.
4- Dans une poêle, faire chauffer un filet d'huile à feu moyen. Verser 1 louche de pâte à crêpes et faire cuire 2 minutes. Retourner la crêpe, la garnir de 1 tranche de jambon. Saler, poivrer. Plier la crêpe en quatre.
5- Disposer la crêpe dans une assiette et la recouvrir d'ananas caramélisé. Répéter l'opération pour les autres crêpes.

RISOTTO À LA SAUGE & PARMESAN

15 MIN DE PRÉPARATION – 30 MIN DE CUISSON

POUR 4 PERSONNES

250 g de riz rond pour risotto

4 carottes

3 oignons doux

2 gousses d'ail

8 feuilles de sauge

2 cuillerées à soupe d'huile d'olive

200 g de dés de jambon blanc

1 cube de bouillon de volaille

40 cl de vin blanc sec

100 g de parmesan

sel, poivre

1- Éplucher les carottes et les tailler en petits cubes.
2- Éplucher et émincer les oignons.
3- Éplucher et presser l'ail.
4- Émincer la sauge finement.
5- Dans une grande poêle, faire revenir les oignons dans l'huile d'olive quelques minutes. Ajouter les carottes. Remuer. Ajouter ensuite le riz, le jambon, la sauge et la pulpe d'ail. Bien mélanger et faire griller les grains quelques minutes.
6- Pendant ce temps, porter 1 l d'eau à ébullition. Y ajouter le cube de bouillon de volaille et le vin blanc. Bien mélanger.
7- Dans la poêle, ajouter le liquide, louche par louche. Attendre que le riz ait absorbé le liquide avant de mettre la seconde louche. Continuer ainsi jusqu'à épuisement du liquide. Ajouter le parmesan préalablement râpé, saler et poivrer. Mélanger et servir aussitôt.

OPINEL
INOX

RISOTTO AUX TOMATES CERISES & BASILIC

15 MIN DE PRÉPARATION – 30 MIN DE CUISSON

POUR 4 PERSONNES

250 g de riz rond pour risotto

600 g de tomates cerises

3 oignons doux

3 gousses d'ail

2 cuillerées à soupe huile d'olive

300 g de dés de jambon blanc

1 cube de bouillon de volaille

40 cl de vin blanc sec

2 cuillerées à café de basilic haché

sel, poivre rose

1- Couper les tomates cerises en quatre. Réserver.

2- Éplucher les oignons et l'ail. Émincer les oignons et presser l'ail.

3- Dans une grande poêle, faire revenir les oignons quelques minutes dans l'huile d'olive.

4- Ajouter le riz, le jambon puis l'ail. Bien mélanger et faire griller les grains quelques minutes.

5- Pendant ce temps, porter 1 l d'eau à ébullition. Ajouter le cube de bouillon de volaille et le vin blanc. Bien mélanger.

6- Dans la poêle, ajouter le liquide, louche par louche. Attendre que le riz ait absorbé le liquide avant de mettre la seconde louche. Continuer ainsi jusqu'à épuisement du liquide.

7- Cinq minutes avant la fin de la cuisson, ajouter les tomates cerises. Bien remuer. Saler.

8- Au moment de servir, parsemer de basilic et de poivre rose concassé.

RISOTTO AUX MOULES SAFRANÉ

20 MIN DE PRÉPARATION – 30 MIN DE CUISSON

POUR 4 PERSONNES

250 g de riz rond pour risotto

800 g de moules (de bouchot de préférence)

3 cuillerées à soupe d'huile d'olive

2 oignons doux

2 gousses d'ail

200 g de dés de jambon blanc

1 cube de bouillon de poule

30 cl de jus des moules

20 cl de vin blanc sec

2 pincées de pistil de safran

sel, poivre

1- Plonger les moules dans un bac d'eau froide, salée. Les secouer vigoureusement. Jeter celles qui restent ouvertes et celles qui flottent. Les ébarber, les rincer puis les égoutter.

2- Faire chauffer une casserole sur feu vif avec un filet d'huile d'olive et y déposer les moules. Couvrir et attendre 4 minutes. Faire sauter les moules de manière que celles du dessous passent sur le dessus et cuisent uniformément. Couvrir de nouveau et compter environ 4 minutes. Une fois les moules ouvertes, recueillir le jus de cuisson. Réserver.

3- Éplucher les oignons et l'ail. Émincer les oignons et presser l'ail.

4- Dans une grande poêle, faire revenir quelques minutes les oignons dans le reste d'huile d'olive. Ajouter le riz, le jambon puis l'ail. Bien mélanger et faire griller les grains quelques minutes.

5- Pendant ce temps, porter 90 cl d'eau à ébullition et y ajouter le cube de bouillon de poule. Mélanger.

6- Préparer le bouillon du risotto en mélangeant le jus des moules, le vin blanc et le bouillon de poule.

7- Dans la poêle, ajouter le safran puis le liquide, louche par louche. Attendre que le riz ait absorbé le liquide avant de mettre la seconde louche. Continuer ainsi jusqu'à épuisement du liquide. Saler, poivrer.

8- Ajouter les moules sur le risotto et servir aussitôt.

TARTINE JAMBON BLANC, NOISETTES & MIEL DE CHÂTAIGNE

5 MIN DE PRÉPARATION – 4 MIN DE CUISSON

POUR 4 PERSONNES

4 tranches de pain de campagne

1 gousse d'ail

1 cuillerée à soupe d'huile d'olive

4 tranches de dentelles de jambon blanc

4 cuillerées à soupe de noisettes concassées

4 cuillerées à café de miel de châtaigne

1- Préchauffer le four à 200 °C.

2- Faire griller légèrement les tranches de pain au four jusqu'à ce qu'elles soient dorées.

3- Frotter chaque tranche avec la gousse d'ail épluchée puis verser 1 filet d'huile d'olive.

4- Concasser les noisettes.

5- Répartir sur les tranches de pain la dentelle de jambon, les noisettes concassées et le miel de châtaigne.

TARTINE JAMBON BLANC, TOMME DE BREBIS & GELÉE DE PIMENT

10 MIN DE PRÉPARATION – 6 MIN DE CUISSON

POUR 4 PERSONNES

4 tranches de pain de campagne

1 gousse d'ail

1 cuillerée à soupe d'huile d'olive

4 tranches de dentelles de jambon blanc

100 g de tomme de brebis

4 cuillerées à café de gelée de piment d'Espelette

1- Préchauffer le four à 200 °C.

2- Faire griller légèrement les tranches de pain au four jusqu'à ce qu'elles soient dorées.

3- Frotter chaque tranche avec la gousse d'ail épluchée puis verser 1 filet d'huile d'olive.

4- À l'aide d'un économe, râper la tomme en copeaux.

5- Répartir sur les tranches de pain la dentelle de jambon et la tomme de brebis. Enfourner et laisser cuire 5 minutes.

6- Avant de servir, ajouter de la gelée de piment d'Espelette sur chaque tartine.

TARTINE POMMES DE TERRE, JAMBON BLANC & QUATRE BAIES

25 MIN DE PRÉPARATION – 5 MIN DE CUISSON

POUR 4 PERSONNES

8 pommes de terre vitelotte

25 cl de lait

3 pincées de sel

4 tranches de pain de campagne

1 gousse d'ail

1 cuillerée à soupe d'huile d'olive

½ cuillerée à café de baies de coriandre

½ cuillerée à café de baies roses

½ cuillerée à café de poivre blanc

½ cuillerée à café de poivre noir

4 tranches de dentelles de jambon blanc

1- Préchauffer le four à 200 °C.

2- Dans une casserole d'eau bouillante, les faire cuire jusqu'à ce qu'elles soient tendres. Les éplucher.

3- Dans une casserole, faire chauffer à feu moyen les pommes de terre avec le lait et le sel. Écraser à l'aide d'un presse-purée. Réserver au chaud.

4- Faire griller légèrement les tranches de pain au four jusqu'à ce qu'elles soient dorées.

5- Frotter chaque tranche avec la gousse d'ail épluchée puis verser 1 filet d'huile d'olive.

6- Concasser les baies et les poivres.

7- Répartir sur les tranches de pain la purée de pommes de terre, la dentelle de jambon et parsemer de baies concassées. Servir, accompagné d'une salade mesclun.